TODO MUNDO NA COZINHA

Receitas para crianças e de família

POR Carol Fiorentino

GLOBOestilo

Dedico este livro aos meus sobrinhos e a todas as crianças que convivem comigo. Elas sempre me lembram daquela pequena Carol que fui um dia. Obrigada e nunca duvidem de vocês.

Sumário

Lista de receitas

Antes de começar

Todo mundo tem aquela receita de que mais gosta, não tem? E, no meu trabalho, fui percebendo que as crianças estão cada vez mais curiosas com a cozinha e com as receitas desses alimentos.

Toda refeição preparada em casa carrega um pouco do que você se tornará no futuro. Além de ser prazerosa, a alimentação tem a função de nos proteger de possíveis doenças e nos deixar cada vez mais fortes e saudáveis. Quanto mais prepararmos nossas próprias refeições, mais consciência teremos do que nos alimenta e do que nos faz bem.

Este livro é muito especial, pois nele vou contar para vocês um pouco da minha história e da história da minha família através de receitas. A força da minha mãe, Jane, é impressionante. Ela teve 6 filhos, e uma de suas maiores alegrias até hoje é reunir a família, com todo mundo ajudando na cozinha... A forma que ela encontrou para dar conta de todos

Comida não é brincadeira!

os filhos foi nos educando, colocando limites e ensinando a importância da alimentação, por isso sempre a ajudamos a cozinhar. Sim, eu a acompanho na cozinha desde pequena. Isso sempre foi algo natural para minha mãe: ainda hoje a vejo preparando o almoço, toda contente, com meus sobrinhos de 5 anos. Ela faz a massa do cabelinho de anjo e as crianças ajudam a amassar e a jogar a farinha.

Minha mãe sempre fez todas as etapas do preparo de um alimento serem naturais. É por isso que cozinhar faz parte das nossas vidas. Lembro perfeitamente de ajudá-la a lavar o arroz, cuidar da salada, limpar a mesa, peneirar ingredientes, quebrar os ovos... Nada disso é uma atividade perigosa para os pequenos, e, à medida que as crianças vão se familiarizando na cozinha e crescendo, os novos desafios vêm junto. De quebra a gente aprende a importância da alimentação, sabe o que está comendo e se torna mais independente.

Você, criança, deve se alimentar muito bem, pois todo o seu organismo está em formação. Sabia que até o esqueleto precisa da comida certa para se desenvolver?

Você que é adolescente – e eu sei que a gente adora comer uma besteira quando está nessa fase! – também deve ficar de olho na alimentação. Esse é um período em que se cresce rapidamente.

E para os adultos – pode falar para o pai, mãe, avó, avô, tia... – que eles precisam se alimentar tão bem quanto vocês! Nada de desculpa, hein?

Neste livro, vou ensinar crianças e adultos a preparar refeições e sobremesas para o dia a dia, tornando assim a vida mais saudável e interessante, além de fortalecer os laços de família, como aconteceu com a minha. Com todo o meu amor, vou passar um pouco do que vivi e do que vivo em família, através de receitas que têm aquele gostinho de infância.

Dicas importantes

Antes de começar, leia com muita atenção a receita completa e entenda o passo a passo. Algumas dúvidas, com certeza, serão resolvidas durante a leitura.

Separe todos os materiais e ingredientes necessários. Organização e limpeza são essenciais para um bom cozinheiro/confeiteiro! Ah, duas coisas muito importantes: nada de desperdiçar comida e nem água. Lave sempre as mãos antes de cozinhar. Durante e depois também! Afinal, mãos limpas ajudam a evitar problemas de saúde como aquela dor de barriga chata.

Lembre-se: doces só de vez em quando. É importante se alimentar bem e estar saudável para todas as brincadeiras, aulas e, claro, para fazer nossas receitas.

Muito cuidado com o forno, a boca do fogão, facas... Nesses casos, peça ajuda a um adulto.

Concentração! Muita, mas muita atenção na cozinha. Quando estiver preparando receitas incríveis – para você e para a sua família –, fique atento para fazer tudo direitinho e não se machucar. Tenho certeza de que todos vão amar experimentar as suas criações deliciosas.

Ninguém resiste a lamber os dedos quando aquele docinho gostoso gruda neles, não é mesmo? Mas, quando fizer isso, sempre lave as mãos depois.

Outros cuidados

Assim como lavar as mãos, higienizar os alimentos é fundamental para evitar doenças! Muitas vezes eles podem estar contaminados por microrganismos e substâncias químicas. Siga as dicas:

1. Lave bem as mãos com água e sabão antes de preparar os alimentos e antes das refeições.

2. Lave as frutas, verduras e legumes em água corrente. Os alimentos que são consumidos crus devem ficar de molho em água e hipoclorito de sódio. Para 1 litro de água, utilizar 1 colher de sopa de água sanitária pura (2 a 2,5%). Peça para um adulto fazer isso. Enxague bem após 15 minutos.

3. Cozinhe bem os alimentos.

4. Não deixe alimentos prontos, ou que necessitam de refrigeração, em temperatura ambiente por mais de 30 minutos.

5. Reaqueça bem os alimentos cozidos (até a fervura).

6. Evite o contato entre alimentos crus e cozidos.

7. Ah! Antes que eu me esqueça, uma ótima dica: mantenha sempre a porta do banheiro fechadinha. E a tampa do vaso deve ser fechada antes de darmos a descarga. O motivo? Isso evita que partículas bem pequenas de água suja “voem” até os outros cômodos, como a cozinha, e contaminem tudo.

Lá no comecinho, falei um pouco sobre a importância de cozinhar. Isso é algo que me acompanha desde sempre, por causa da minha família. Aqui, vou transmitir um pouco dos ensinamentos que recebi dela, com sabedoria em substituir e acrescentar ingredientes ricos para uma alimentação equilibrada, saudável e sempre saborosa!

Todos se interessam por esse tema, mas na prática poucos têm hábitos alimentares saudáveis. Pretendo trazer informações e sugestões que ajudem a melhorar esses hábitos.

A palavra "elegância" vem do latim *eligiere*, que significa "escolha". Isso quer dizer que o poder de escolha é o nosso maior poder, mas, para conseguir exercê-lo, temos que estar bem informados. Sempre que escolhemos alimentos pouco saudáveis e não comemos aqueles mais necessários, podemos ter problemas como desnutrição e obesidade.

Temos sorte de viver em um país com um ótimo clima e uma terra rica em nutrientes, o que resulta em uma variedade de frutas, verduras e legumes saudáveis em todas as suas partes: folhas, caules, frutas, sementes e raízes. Por falar nisso, precisamos muito diminuir o desperdício de alimentos. Adoro receitas que utilizam todas as partes dos ingredientes, sem desperdiçar nada. Lanço aqui um desafio: quem fizer um prato usando um legume ou uma hortaliça inteirinhos, sem desperdiçar nada, me marca no Instagram (@carolfiorentino)? Vou adorar conhecer sua receita! E assim estaremos economizando, aproveitando bem o alimento e ainda diminuindo o lixo do planeta.

Lembre-se: os alimentos podem ser encontrados durante quase todo o ano, mas quando comprados na época certa, são mais baratos e têm melhor qualidade. E economizar é importante!

Criança na cozinha

Receitas sem o uso do fogão

Brigadeiro sem fogão

Ingredientes

1 caixinha de leite condensado

4 colheres de chocolate em pó ou achocolatado

1 e ½ a 2 xícaras de leite em pó

Preparo

1. Misture todos os ingredientes até formar uma massinha (se ficar muito molinha, coloque mais leite em pó).

2. Deixe descansar um pouquinho.

3

Tire um pouco de massa e enrole com a mão úmida (essa é uma dica ótima para não grudar muito nas mãos).

4

Se quiser, passe no granulado e coloque em forminhas.

DICA ESPERTA:

- Para fazer brigadeiro rosa, basta usar o preparado sabor morango (aquele de colocar no leite!) no lugar do chocolate em pó.
- Para fazer brigadeiro branco, basta tirar o chocolate e aumentar a quantidade de leite em pó para mais 4 colheres.
- Para fazer brigadeiro sabor chocolate maltado (aquele que tem flocos crocantes), basta usá-lo no lugar do chocolate em pó.
- Para fazer brigadeiro de coco, basta usar coco ralado no lugar do chocolate em pó. Solte a imaginação e crie sabores e combinações inusitadas.

Sorvete fácil

Ingredientes

2 copos de suco de uva orgânico ou outro suco de sua preferência

Preparo

1

Coloque o suco em forminhas de picolé ou em formas de gelo e coloque os palitos.

2

Leve para o congelador por algumas horas, até ficar bem durinho.

3

Agora, é só desenformar e aproveitar!

Brownie delícia

Ingredientes

1 massa de bolo de chocolate que sobrou ou que não deu muito certo

10 biscoitos de maisena (opcional)

Nozes, amêndoas, castanhas (opcional)

½ copo de doce de leite ou de leite condensado

Preparo

1. Esfarele o bolo com as mãos ou com um garfo. Misture o doce de leite ou o leite condensado até dar ponto de massinha. Se necessário, coloque um pouco mais de doce de leite.

2. Misture com o recheio de que mais gostar: biscoitos esfarelados, castanhas, gotas de chocolate, confeitos...

3. Coloque em uma forma bem linda ou enrole como docinhos.

DICA ESPERTA: Essa massa também serve para fazer *cakepop*, que é o bolo no palito!

Creme de banana com chocolate

Ingredientes

2 bananas

½ caixinha de creme de leite

½ xícara de chocolate em pó ou achocolatado

Preparo

1

Descasque as bananas e amasse bem.

2

Misture o creme de leite com o chocolate ou achocolatado e depois com a banana.

3

Deixe na geladeira por pelo menos uma hora.

Pão é vida! Um dos alimentos de que mais gosto. E ele está na alimentação da humanidade há milhares de anos. A partir de agora, vamos fazer receitas deliciosas com esse ingrediente.

Torta salgada com pão de forma

Essa torta dá o que falar em festinhas e naquele lanche especial do fim de semana. Desde pequena eu faço – e como! É o maior sucesso na minha casa.

Ingredientes

12 fatias de pão de forma integral ou branco

10 fatias de queijo

1 e ½ pote de requeijão

½ latinha de milho em conserva

Batata palha para decorar

Preparo

1

Misture o milho com o requeijão. Se gostar, pode incluir uma lata de atum.

2

Passe o rolo de macarrão nas fatias de pão para deixá-las fininhas.

3

Coloque as camadas de pão no fundo da forma, depois as fatias de queijo e o creme de requeijão. Faça outra camada de pão, e repita o processo.

4

A última camada deve ser de pão. Cubra com requeijão e decore com batata palha.

Pão
com manteiga e chocolate

Ingredientes

1 pão francês ou pão de leite ou até pão de forma

Manteiga

2 colheres de sopa de chocolate em pó ou achocolatado

Preparo

1

Com o pão cortado ao meio (ou com duas fatias, se usar pão de forma), passe manteiga nas duas partes.

2

Coloque o chocolate em pó ou achocolatado e peça para um adulto colocar em uma sanduicheira até ficar bem crocante.

DICA ESPERTA: Espere esfriar para comer. Como fica muito quente, eu já queimei a boca por causa da pressa de me deliciar. Ah, e se não tiver sanduicheira em casa, peça para um adulto colocar na frigideira, em fogo bem baixinho.

Pão
com manteiga e queijo

Ingredientes

1 pão francês ou pão de leite ou pão de forma

Um pouco de manteiga

2 fatias de queijo da sua preferência

Preparo

Com o pão cortado ao meio (ou duas fatias de pão de forma), passe manteiga, coloque o queijo e peça para um adulto levar à sanduicheira.

DICA ESPERTA: Esse sanduíche é a base para muitos outros que você pode criar! Imagine colocar, além do queijo, folhas de alface e rodelas de tomate, requeijão... Neste livro, vou ensinar a fazer patê de tofu para quem não quer ou não pode comer queijo. Fica uma delícia no pão! Lembre-se: cozinha é para usar a criatividade. Invente novos sanduichinhos.

Sanduíche colorido

Ingredientes

- 1 pãozinho, daquele que você goste mais
- 1 xícara de ricota
- 10 uvas-passas
- ½ cenoura ralada
- Folhas de alface
- Um pouco de sal

Preparo

1

Amasse a ricota com um garfo, misture bem com a cenoura ralada e as uvas-passas.

2

Abra o pão, coloque a pasta de ricota, duas folhas de alface (nunca se esqueça de lavar bem as folhinhas), tempere com um pouco de sal e bom apetite.

Pastinhas e patês deixam qualquer festinha bem mais gostosa. E também podem deixar aquela salada muito saborosa. Vamos criar alguns juntos?

Patê de tofu

Ingredientes

1 fatia grande de tofu (pode substituir por ricota ou queijo branco)

2 colheres de sopa de azeite

Sal a gosto

Cenoura ralada

Suco de ½ limão

DICA ESPERTA: Esse patê é tão gostoso que você pode até servir com folhas, tomates ou o que a sua imaginação permitir... Se quiser mais sabor, pode ser com uvas-passas ou um pouco de curry. Também vale ralar beterraba crua ou colocar manjericão picado. Vai ficar colorido!

Preparo

Amasse o tofu (ou a ricota) com um garfo, misture todos os ingredientes e sirva com torradinhas ou pãezinhos.

Pasta de iogurte
com limão, hortelã e mel

Ingredientes

1 pote de iogurte

Suco de 1 limão

2 colheres de sopa de mel ou melado

5 folhas de hortelã

Uma pitada de sal

Preparo

1

Lave bem as folhinhas de hortelã e corte-as bem fininhas com uma tesoura sem ponta – deixe essa tesoura para usar apenas na cozinha.

2

Misture todos os ingredientes em uma tigela ou pote de plástico. Prove e veja se precisa de mais sal ou de limão. Sirva com torradinhas ou pães.

Pavê

O pavê é um doce de origem francesa que tem o nome derivado da palavra "pavimento", por causa da forma como é montado, em camadas. Mas, enquanto esse tipo de construção costuma levar pedras ou tijolos alternados com concreto e cimento... o pavê tem camadas de creme e biscoitos ou até pedaços de bolo.

Essa receita rende duas xícaras do doce. É importante deixar guardado na geladeira para não azedar.

Ingredientes

1 xícara de nata

5 colheres de chocolate em pó. Pode substituir por achocolatado ou chocolate maltado

1 e ½ a 2 xícaras de leite

10 biscoitos de maisena ou champagne. Ou qualquer biscoito doce que você tiver em casa

5 colheres de sopa de leite em pó

Preparo

1

Em um pote, misture a nata com o chocolate ou achocolatado e o leite em pó com uma colher, para ficar bem cremoso.

2

Em uma xícara ou copinhos, coloque o biscoito quebrado ou em pedaços, regue com um pouco de leite para ficar molhado e cubra com o creme de chocolate.

3

Coloque mais biscoito, molhe com o leite de novo e coloque mais creme. Repita até encher o pote.

4

Você pode decorar com mais biscoito ou pedacinhos de chocolate, se tiver em casa.

Potinhos
com iogurte, castanha, mel e geleia

Ingredientes

1 iogurte natural

10 castanhas-de-caju picadas

2 colheres de mel

Preparo

Pegue 2 copos transparentes. Encha a base com metade das castanhas-de-caju picadas, despeje meio potinho de iogurte por cima e cubra com 1 colher de mel. Repita o mesmo no outro copinho. Você pode decorar com uma castanha inteira por cima.

Goiabada com queijo

Ingredientes

2 fatias de goiabada cascão ou 2 colheres de sopa de goiabada cremosa

2 fatias de queijo fresco ou meia cura

Preparo

Em um pratinho bem lindo, coloque uma fatia de queijo e a goiabada por cima. Se quiser, coloque uma folhinha de hortelã para decorar. Serve duas porções e fica delicioso!

DICA ESPERTA: Fica uma delícia também com bananada e geleias de diferentes sabores. O motivo é que o gosto do queijo ressalta bastante o sabor da fruta.

Iogurte com frutas

Ingredientes

1 pote de iogurte

Banana, uva e morango

1 colher de sopa de mel ou melado

DICA ESPERTA: Escolha a fruta de que mais gostar ou use a criatividade e prove com várias outras misturadas.

Preparo

Coloque o iogurte em uma tigelinha, as frutas picadas por cima e um pouco de mel. Misture tudo e pronto!

DICA ESPERTA: Se quiser, faça uma decoração linda: coloque uns pedacinhos de frutas no fundo de um copo transparente, regue com o mel, coloque iogurte por cima e decore com as frutas picadas. Decore com uma folhinha de hortelã.

Torre de doce de leite

Ingredientes

10 bolachas de água

1 xícara de doce de leite

Preparo

1. Em uma bandeja, coloque uma bolacha e a cubra com doce de leite, mais uma bolacha e mais doce de leite, mais uma bolacha e mais doce de leite... faça assim até todas as bolachas acabarem.

2. Finalize com mais doce de leite e, se tiver em casa, decore com uns confeitos coloridos que vai ficar lindo (e mais gostoso ainda)! Também gosto muito de polvilhar um pouquinho de canela por cima, fica delicioso.

DICA ESPERTA: Substitua o doce de leite por creme de avelã com chocolate, pasta de amendoim...

Banana com aveia

Ingredientes

1 banana

2 colheres de sopa de aveia em flocos ou fina

1 colher de sopa de mel ou melado

Preparo

Descasque e amasse a banana com um garfinho em uma caneca ou pote (se você quiser que fique com a consistência de um creme, amasse bem! Eu prefiro sentir os pedaços). Depois coloque o mel ou melado junto com a aveia e misture.

DICA ESPERTA: Também fica uma delícia com outras frutas, como mamão, abacate... Outra dica ótima é que, se colocar no congelador, o creme vira um sorvete incrível.

Salada colorida

As saladas não precisam ser sem graça! Além de fazer bem para a saúde, elas podem ser muito gostosas. Experimente fazer essas receitas. Até os adultos vão querer essas saladas deliciosas.

Ingredientes da salada

- Cenourinhas
- Folhas verdes
- Milho em conserva
- Sementes de girassol
- Tomatinhos cereja
- Uvas (opcional, se você gostar)

Ingredientes do molho

- Suco de 1 laranja
- 1 colher de sopa de mel ou melado
- 2 colheres de sopa de azeite
- 1 colher de sopa de vinagre
- Sal a gosto (não exagere que faz mal!)

Ingredientes para lavar as folhas

3 copos de água

1 colher de sopa de vinagre

1 colher de sopa de bicarbonato de sódio (ele faz uma espuma legal quando colocamos na água)

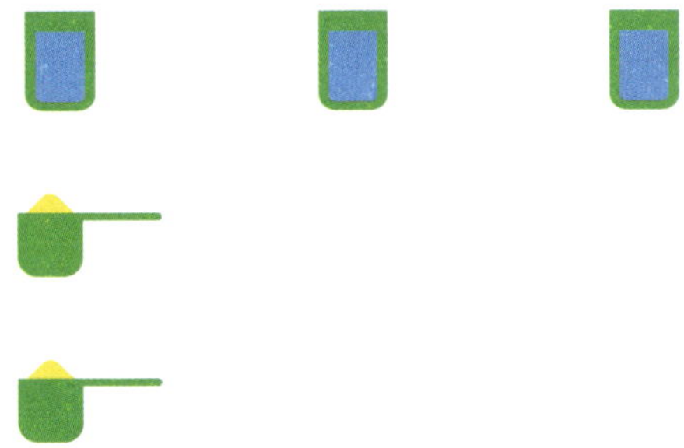

Preparo

1. Separe folhas gostosas como de alface, rúcula, agrião, acelga... Lave-as bem em água corrente, depois faça uma misturinha com os 3 copos de água, o bicarbonato e a colher de vinagre. Deixe as folhas de molho nessa água por uns 15 minutos. Lave-as novamente.

2. Coloque as folhas em uma travessa bonita e arrume os tomatinhos, as cenourinhas e o milho. Decore com sementes de girassol e as uvas.

3. Para o molho, coloque todos os ingredientes em um potinho, tampe e agite até todos se misturarem. Você pode até dançar fazendo isso, só tome cuidado para não deixar a tampa sair e fazer uma lambança no chão. Depois de pronto, é só colocar na saladinha e servir.

Salada caprese

Ingredientes da salada

10 bolinhas de mozarela de búfala

10 tomates cereja

Folhinhas de manjericão

Azeite

Sal

Preparo

Em uma travessa, coloque os tomatinhos, a mozarela e as folhas de manjericão. Tempere tudo com sal e azeite e aproveite.

DICA ESPERTA: Se quiser servir em uma festinha, pode montar no palitinho. Com uma faca sem ponta, corte o tomate e o queijo ao meio e separe as folhas de manjericão. Faça um sanduichinho de tomate, queijo, manjericão e tomate.

Geladinho

Ingrediente

Qualquer suco de sua preferência

Preparo

1 Coloque o suco em saquinhos de geladinho (pode usar um funil para não derrubar muito para fora).

2 Coloque no congelador por pelo menos 2 horas.

Rocambole sem forno

Ingredientes da massa

1 caixinha de leite condensado

4 colheres de chocolate em pó ou achocolatado

1 e ½ a 2 xícaras de leite em pó

Preparo

1. Misture todos os ingredientes da massa até formar uma massinha (se ficar firme demais, coloque um pouquinho mais de leite condensado).

2. Deixe descansar por um tempo e abra a massa no formato de um retângulo.

Ingredientes do recheio

1 caixinha de leite condensado

200g de coco ralado

3

Misture os ingredientes do recheio em um pote de plástico e espalhe na massa aberta.

4

Deixe descansar mais um pouco e enrole como rocambole.

DICA ESPERTA: Se na hora de enrolar a massa rachar um pouco, não tem problema! É só decorar com coco ralado, que vai ficar lindo e gostoso do mesmo jeito.

Caso o rocambole quebre, não se preocupe: coloque em copinho e decore com mais coco... Vai ficar um rocambole no copinho delicioso.

Lembra da receita de brigadeiro fácil? Você também pode misturar a massa com outros sabores e cores e criar rocamboles diferentes, lindos e muito divertidos.

Para colorir

Para os adultos responsáveis: Lema da família Fiorentino

POR *Jane Fiorentino*

Criança que trabalha não dá trabalho.

Não se trata de trabalho infantil, afinal, uma criança tem que se divertir. Sempre usei o método Montessoriano, criado pela italiana Maria Montessori, nascida em 1870, pedagoga, psiquiatra, filósofa, pesquisadora e educadora, que transformou a pedagogia do mundo inteiro. Ele é caracterizado por teorias segundo as quais a criança deve ter liberdade com limites e respeito, através do desenvolvimento natural de suas habilidades. É importante perceber que cada criança é única, por isso devemos observá-las individualmente: umas gostam de matemática, outras preferem português etc. E nunca esquecer da necessidade infantil de querer explorar o mundo! Aos poucos ensinamos a ela, com nossos próprios exemplos, a ter uma pequena autonomia, a cuidar de si mesma e a ajudar em casa. Se a criança está feliz, então está havendo progresso.

Me ajude a fazer sozinho!

Podemos supervisionar, mas não pressionar, assim a criança descobre sozinha como fazer melhor. Algumas tarefas, como descascar frutas (usando facas sem corte!), podem fazer os pequenos se interessarem mais em comer o alimento que descascaram ou cortaram.

Como utilizar o método em casa

Com 2 ou 3 anos

- Guardar brinquedos
- Tirar o prato da mesa
- Guardar sapatos
- Colocar a roupa suja no cesto
- Limpar pequenas superfícies
- Pegar frutas e legumes da fruteira (e descascar mexerica e banana, por exemplo)
- Pôr o guardanapo na mesa
- Tirar a própria roupa

Com 4 ou 5 anos

- Arrumar a cama
- Guardar as roupas
- Ajudar a pôr a mesa
- Tirar o pó de alguns móveis
- Regar as plantas

De 6 a 8 anos

- Lavar a louça
- Pôr e tirar a mesa
- Tirar o lixo da casa
- Varrer
- Lavar o quintal
- Guardar compras
- Pendurar roupa no varal de chão

De 9 a 11 anos

- Preparar lanches rápidos
- Limpar móveis
- Limpar espelhos
- Trocar a roupa de cama
- Cuidar dos animais de estimação
- Ajudar no preparo das refeições
- Guardar a louça lavada
- Fazer a lista de compras do supermercado

De 12 a 14 anos

- Limpar o banheiro
- Pôr roupa para lavar
- Passar pano no chão
- Cuidar das plantas
- Cuidar dos irmãos mais novos
- Preparar pequenas refeições
- Fazer compras rápidas
- Separar contas para pagar

Tudo é muito bom na teoria, mas vamos tentar colocar em prática e tentar fazer dar certo. Basta ter paciência para ensinar. Crianças e adolescentes precisam participar da rotina da casa. Comigo, sempre funcionou muito bem.

Casamento de mamãe e papai: eu só cheguei depois dos meus seis irmãos!

Minha primeira foto, com mamãe na maternidade

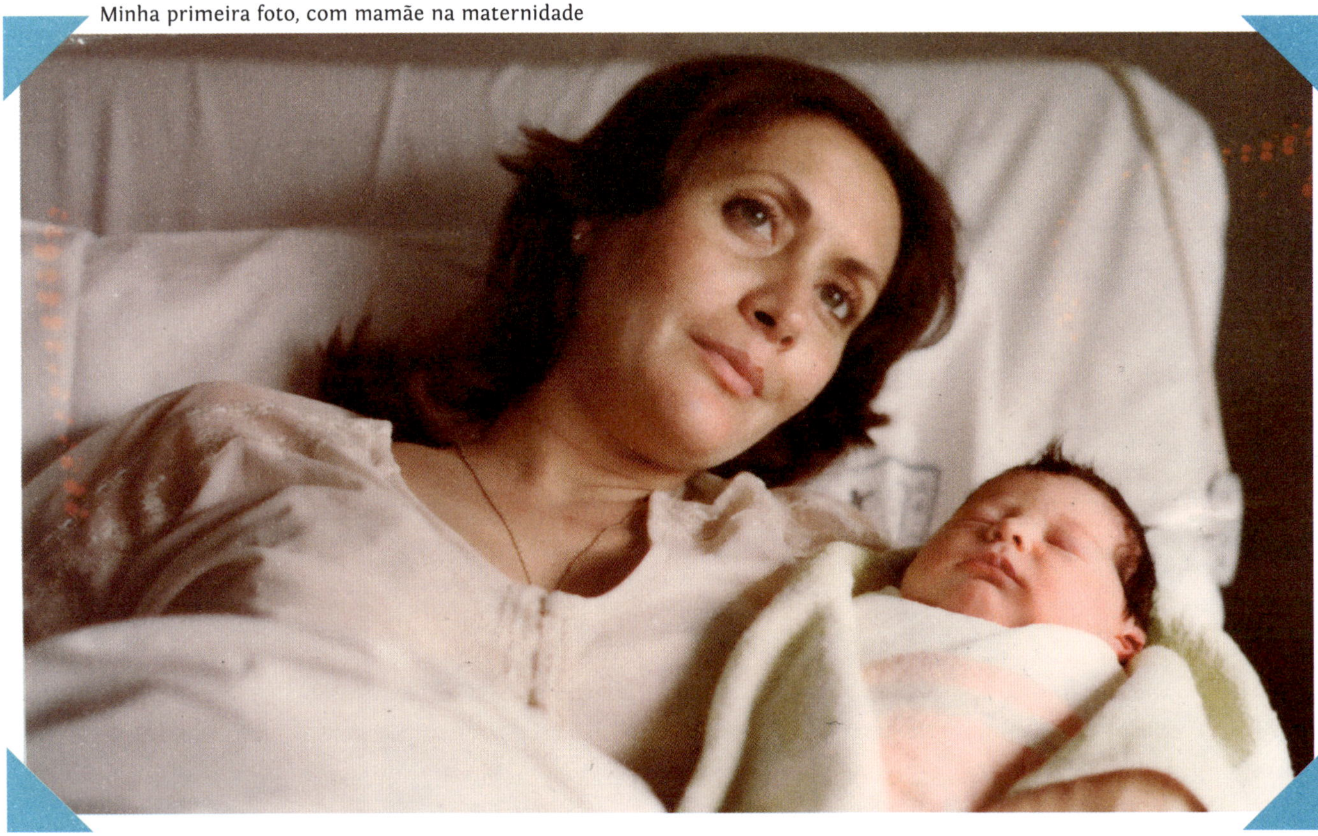

Papai, lindo, com a minha avó Maria. Eu não cheguei a conhecê-la, mas a amo muito

Mamãe diva

Avó Leontina e avó Maria: minhas referências na cozinha

Meu irmão Mário, já com seu violão. Eu sou fã desse cara e da sua cocada (a receita está na página 142)

Eu, fofinha, com 2 anos. Acham que mudei muito?

Desde sempre cuidando da gente: minha irmã Andrea (a dona do bolo nhá benta da página 100) e meu cunhado Marcelo comigo e com Fabinho

Amo essa foto: nada como o colinho do avô

Fabinho, Bella e eu (e nossas fantasias de Carnaval!)

Eu, Bella e Fabinho no parque Trianon

Família reunida no casamento da Andrea

Bella, mamãe e eu em uma Bienal do Livro, onde passei a maior parte de meus aniversários até meus 10 anos. Explica-se: papai tem uma editora que sempre participa da feira

Minha cara de adolescente com Bella e papai

As mulheres poderosas no casamento do meu irmão: Alê, eu, mamãe, Bella e Andrea

Receitas de família

e as preferidas da Carol

DICA ESPERTA: Pode parecer um pouco mole no começo, mas é só esperar esfriar bem que ele encorpa!

Leite condensado caseiro

Ingredientes

1 xícara de açúcar cristal

1 xícara de leite em pó

½ xícara de água fervente

Preparo

Misture o leite em pó com o açúcar cristal. Coloque no liquidificador e bata bem – isso faz com que o açúcar e o leite em pó se misturem bem –, um adulto acrescenta a água fervente e deixa bater por cerca de 5 minutos. Lembrando de deixar a tampinha que há na tampa aberta, para não formar vácuo e ficar difícil abrir o liquidificador depois.

Salame de chocolate

Ingredientes

250 g de chocolate ao leite ou amargo

½ lata de leite condensado

10 biscoitos de maisena ou de água

Castanhas, damascos e frutas secas de sua preferência

Preparo

Primeiro, o adulto deve derreter o chocolate para depois a criança misturar o leite condensado e os biscoitos quebrados ao chocolate derretido. Com um filme plástico ou papel-manteiga, espalhe toda a massa e enrole como um salame. Leve à geladeira e deixe firmar. Retire o papel-manteiga ou filme plástico e sirva fatiado.

DICA ESPERTA: Você pode fazer de vários formatos e sabores! Para fazer de chocolate branco, são 250 g de chocolate branco para ¼ de lata de leite condensado.

Pavlova
da minha irmã Bella

Além de ser mãe, modelo e apresentadora, Bella arrasa nos doces! Nessa receita, a criança pode separar os ingredientes, montar a pavlova e lavar as frutas.

Ingredientes da pavlova

3 claras

1 xícara de açúcar

1 colher de café de essência de baunilha

1 colher de café de sal

1 colher de café de vinagre branco ou suco de limão

1 colher de sopa de amido de milho

Preparo da pavlova

Bata as claras com o açúcar e o sal. Quando estiver em picos moles (pegue uma colher ou garfo, levante a ponta da espuma e veja se ela cai no formato de um bico), coloque o restante dos ingredientes, menos o amido. Bata até formar picos firmes, cerca de 10 minutos depois. Em uma forma, coloque papel-manteiga e polvilhe amido de milho. Ponha a quantidade de merengue na assadeira e espalhe no formato de um disco de aproximadamente 3 dedos.

Leve ao forno pré-aquecido a 100 °C, se o forno só tiver regulagens mais altas que essa, deixe a porta entreaberta (uma dica é colocar uma colher de pau na porta, dessa forma o calor vai "escapar" um pouco). Coloque uma forma abaixo da forma da pavlova, para deixá-la mais alta no forno. Asse por aproximadamente 1h30 ou até que ela esteja seca por fora. Se quiser fazer porções individuais, o tempo para assar é aproximadamente 40 minutos, dependendo do forno.

Ingredientes do chantili

500 ml de creme de leite fresco

1 xícara de açúcar

Preparo do chantili

Misture o creme e o açúcar e bata bem até formar chantili.

Montagem

Escolha frutas de sua preferência, coloque o chantili no centro da pavlova e distribua as frutas por cima! Se quiser fazer uma brincadeira divertida, faça cada um montar a sua pavlova individual.

DICA ESPERTA: Morangos, abacaxi e uva foram as frutas que escolhi. Eu decorei com hortelã, mas você pode fazer a pavlova de frutas vermelhas (amora, framboesa, mirtilo, morango) frutas amarelas (maracujá, abacaxi, manga, laranja...), cítricas (kiwi, laranjas, limão) ou usar apenas as frutas que tiver na geladeira.

Farofa
da minha irmã Bella

Bella começou a se virar bem cedo na cozinha. Mas, quando foi morar fora, teve que se virar de verdade. Aqui estão algumas das primeiras receitas salgadas e preparos feitos por ela.

Ingredientes

2 cebolas picadas

50g de manteiga

5 ovos

5 azeitonas picadas

Cheiro-verde picado (salsinha e cebolinha)

Sal

Pimenta-do-reino

150 g de farinha de mandioca

Preparo

O adulto tem que refogar a cebola na manteiga, misturar azeitona, cheiro-verde, sal e pimenta. Faça uma cova no centro e coloque os ovos e a farinha, misturando rapidamente. Retire do fogo, ajuste o sal e sirva.

DICA ESPERTA: Essa é uma base de farofa para qualquer outra. Pode substituir a manteiga por azeite, as azeitonas por castanhas, os ovos por vegetais ou banana. Experimente novos sabores e me conte!

Picadinho
da minha irmã Bella

Acho que esse foi o primeiro jantar que ela fez para o namorado, que hoje é marido. Uma daquelas receitas bem antigas e simples. Podemos sempre substituir o creme por coalhada ou mesmo um pouco de leite com maisena. Quem não come carne pode substituir por carne de soja.

Ingredientes

1 kg de filé-mignon cortado em tiras

1 colher de sopa de manteiga

1 cebola picada

½ xícara de ketchup

1 colher de sopa de farinha de trigo

1 colher de chá de mostarda

Sal a gosto

Pimenta-do-reino

Preparo

Coloque as tiras de filé-mignon com a manteiga na panela em fogo alto. Quando soltar água, retire-a com uma concha e reserve. Deixe a carne cozinhar sempre em fogo alto. Adicione a farinha e continue a mexer. Misture o caldo da carne com os outros ingredientes e adicione à mistura da panela. Mexa bem até formar um creme. Sirva com um arroz fresquinho e batatinha palha.

Berinjela da Carol

Hum... Desta vez vamos preparar um dos meus antepastos preferidos. Comecei a trabalhar na empresa do meu pai aos 14 anos. Na frente da editora tinha uma rotisseria maravilhosa e eles serviam essa berinjela. Todos os dias eu comprava o antepasto com pão e fazia meu lanche da tarde! Infelizmente, um dia a rotisseria fechou e eu fiquei órfã. Fiz que fiz, testei diversas combinações, até que consegui reproduzir com o mesmo sabor. E aqui está ela!

Ingredientes

2 berinjelas

1 abobrinha

3 cebolas

1 pimentão vermelho (opcional)

1 pimentão amarelo (opcional)

200 g de castanha de caju torrada (opcional)

100 g de uvas-passas (opcional)

700 ml de azeite

Sal e pimenta a gosto

4 colheres de sopa de vinagre

Preparo

Corte a berinjela ao meio, depois na vertical em 4 partes e em seguida em tiras de tamanho aproximado. Elas ficam com cerca de 10 cm de comprimento e 1 cm de largura. Coloque a berinjela em um escorredor e ponha bastante sal. Deixe ela escorrer por no mínimo 20 minutos para tirar o sabor amargo característico da berinjela, enquanto corta o restante dos ingredientes.

Queime o pimentão na boca do fogão ou no forno até ficar bem pretinho - assim a pele se descola e é só raspar com uma faca. Retire as sementes e fibras de dentro (elas fazem o pimentão ser indigesto para algumas pessoas) e corte em tiras. Corte a abobrinha da mesma forma que a berinjela, mas sem salgar. Corte a cebola ao meio e pique no formato de meia-lua.

Lave bem a berinjela, pois ela absorve muito sal. Coloque-a em um escorredor, debaixo da água corrente, e esprema para tirar o sal. Em uma assadeira grande coloque os pimentões, a cebola, a berinjela, a abobrinha, as uvas-passas, o sal, a pimenta, o vinagre e metade do azeite e leve ao forno pré-aquecido a 200 °C por 2 horas. Mexa de 30 em 30 minutos, colocando o que está em cima para baixo para que todos os ingredientes cozinhem da mesma forma.

Retire do forno, deixe esfriar e adicione o restante do azeite, acertando o sal e a pimenta. Essa berinjela fica incrível servida com pãozinho, torrada ou como acompanhamento de carnes e saladas. Costumo dobrar a receita, pois dura bem na geladeira. Acrescente as castanhas, se gostar.

Hum… Este é um dos meus antepastos preferidos. Mesmo aqueles que torcem o nariz para a berinjela são obrigados a dar o braço a torcer e se deliciar com essa entradinha!

Sorvete da Neuza

Ingredientes do sorvete

1 caixinha de leite condensado

1 lata de creme de leite

4 ovos

Preparo do sorvete

Criança, mãos à obra: pegue todos os ingredientes, quebre os ovos (cuidado para não deixar a casquinha cair!) e separe a clara da gema. Agora, coloque na panela o leite condensado, o creme de leite e as gemas. O adulto deve levar ao fogo e cozinhar até engrossar. Deixe esfriar bem.

Ingredientes da calda

2 xícaras de chocolate em pó ou achocolatado

1 xícara de açúcar

¼ de xícara de água

Preparo da calda

Em outra panelinha, misture o chocolate ou achocolatado, o açúcar e a água. Peça para um adulto levar ao fogo até derreter e formar uma calda. Deixe esfriando.

Montagem

Coloque a calda em toda a forma com furo no meio. Bata, na batedeira, as claras em neve. Misture com aquele primeiro creme, feito com leite condensado, bem devagar – bem devagar mesmo, para não perder o ar que está dentro da clara em neve. É isso que vai deixar o sorvete macio e cremoso. Coloque na forma sobre a calda e leve para o congelador por no mínimo 4 horas.

Para desenformar, o adulto pode passar um paninho quente na lateral da forma para soltar. Ou, se quiser, comer tudo ali mesmo!

Ah, sabe o que eu acho muito legal? Colocar a massa desse sorvete em potinhos individuais. Ou até naquele pote grande que talvez você tenha guardado em casa. Nesse caso, pode deixar a calda para jogar por cima. Fica uma delícia!

Creme de chocolate (igual ao do supermercado!)

Ingredientes

1 lata de leite condensado

8 colheres de sopa de chocolate em pó

5 colheres de sopa de amido de milho

1 litro de leite

1 caixa de creme de leite

Preparo

Em uma panela grande, coloque o leite e dissolva o amido de milho. Misture o leite condensado e o chocolate em pó. O adulto leva ao fogo e deixa cozinhar até engrossar, sem parar de mexer.

Quando estiver bem grosso, desligue o fogo, retire da panela e cubra com um filme plástico grudado no creme. Leve para esfriar. Quando estiver frio, adicione o creme de leite e misture bem.

Leve para a geladeira em um pote ou em potinhos individuais. Sirva geladinho.

Chocolate quente (com opção vegana)

Ingredientes

500 ml de leite de amêndoa, soja, aveia, arroz, amendoim ou de vaca

1 xícara de chocolate em pó ou cacau

1 colher de sopa de amido de milho

Preparo

Você pode misturar todos os ingredientes em uma panela. Caso utilize cacau, que é mais difícil dissolver, o adulto pode bater no liquidificador.

Depois o adulto leva a panela ao fogo e mexe até ferver e engrossar um pouco.

Não sirva muito quente, pois você pode queimar a língua!

Se quiser variar, polvilhe canela ou outra especiaria que você goste.

DICA ESPERTA: Você pode ferver só o leite e colocar uma barra de chocolate dentro da sua caneca. Ela vai derreter e o resultado é delicioso. Para os veganos, ferva o leite de amêndoas ou soja e coloque sua barra de chocolate vegano. Não tem erro!

Bolo dos anjos do meu irmão Fabinho

Esse bolo está em todos os meus aniversários... Era o bolo preferido do meu irmão Fábio, falecido aos 15 anos de leucemia... A gente colocou o nome de bolo dos anjos em homenagem a ele. Como a nossa diferença de idade era pequena, eu sempre fui muito apegada a ele. A gente passava bastante tempo junto e sinto que muito do que sou hoje eu construí ao lado dele. Este é o bolo que eu mais amo. E o bolo que representa todo o amor da minha mãe pelos filhos! Leve, delicado e delicioso.

Ingredientes do pão de ló

5 ovos

5 colheres de sopa de açúcar

5 colheres de sopa de farinha

1 colher de chá de fermento em pó

1 pitada de sal

Preparo do pão de ló

A criança quebra os ovos e coloca na tigela da batedeira. Bata bem os ovos com o açúcar e a pitada de sal, mas bata muito bem! Até formar um creme fofo e claro.

Com muito cuidado, incorpore a farinha e o fermento, peneirados aos ovos. Bem devagar, para não tirar o ar que acabamos de colocar no creme de ovos e açúcar.

Coloque em uma forma redonda de 25 cm, untada e enfarinhada, e leve ao forno pré-aquecido a 180 °C por aproximadamente 25 minutos.

Ingredientes do creme

1/2 lata de leite condensado

1 medida da lata de leite

1 colher de sopa amido de milho

1 colher de sopa de farinha

1 colher de sobremesa de extrato de baunilha

1 colher de sopa de manteiga

Preparo do creme

O adulto leva ao fogo o leite condensado, o leite, o amido e a farinha. Sem parar de mexer, deixe cozinhar até engrossar.

Desligue o fogo e acrescente 1 colher de sobremesa de extrato de baunilha e a manteiga. Mexa até ficar um creme lisinho.

Ingredientes do chantili

500ml de creme de leite fresco gelado ou creme de leite para chantili

2 colheres de sopa de açúcar vanilado. Se não tiver, pode ser o refinado mesmo

Preparo do chantili

Bata na batedeira o creme de leite fresco gelado e o açúcar até formar um creme mais grossinho. Cuidado para não bater demais e virar manteiga.

DICA ESPERTA: Quando usamos a fava da baunilha para algum preparo, a mamãe a deixa secar no açúcar cristal. Depois, bate no liquidificador esse açúcar com a fava seca. Desse modo, fazemos um açúcar vanilado maravilhoso e usamos 100% da fava!

Ingredientes da montagem

1 caixa de morango

Montagem

O adulto desenforma o bolo e deixa esfriar. A criança lava e higieniza os morangos. Cubra o bolo todo com o creme, colocando mais em cima do que nas laterais, deixando uma quantidade maior de creme sobre o bolo.

Coloque os morangos picados por cima do creme, reserve alguns morangos para enfeitar o bolo. Cubra com o chantili e enfeite com os morangos!

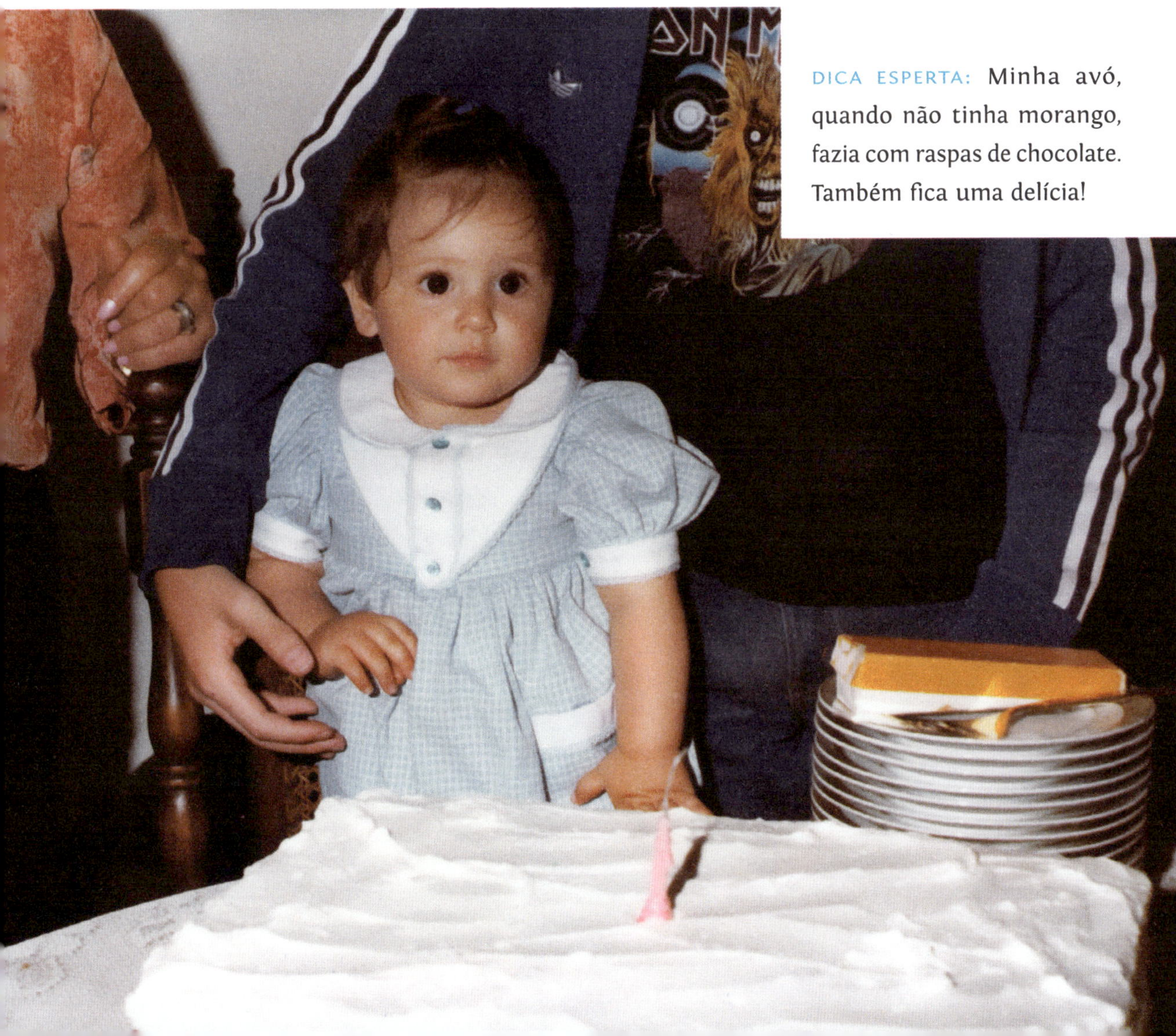

DICA ESPERTA: Minha avó, quando não tinha morango, fazia com raspas de chocolate. Também fica uma delícia!

Quadradinho de tapioca
da prima Flávia

Esses quadradinhos são deliciosos e são a marca registrada da minha prima em todos os encontros. Aqui, a criança mistura tudo e o adulto coloca no forno.

Ingredientes

500 g de tapioca grossa

900 ml de leite

500 g de queijo branco ralado (ou outro tipo de queijo)

Sal e pimenta

Preparo

Em um recipiente, misture a tapioca com o queijo. Adicione o leite morno e mexa bem. Depois ponha sal e pimenta e passe tudo para uma forma forrada até a borda com filme plástico. Também coloque filme plástico por cima e leve à geladeira por, no mínimo, 4 horas. Corte os quadradinhos e asse por 1 hora. Servir com mel ou melaço de cana.

Macarrão à primavera da prima Carla

Esse macarrão é saboroso e refrescante. Minha prima faz sempre e fica delicioso. Aqui, as crianças podem lavar os legumes e picar as folhas com tesourinha sem ponta.

Ingredientes

250 g de aspargos

300 g de ervilhas frescas

500 g de massa penne

2 dentes de alho

1 colher de sopa de raspas de limão + 1 colher de suco de limão

6 folhas de menta

3 colheres de sopa de azeite

Preparo

Lave e corte os aspargos em pedaços de 5 a 6 cm e em seguida corte novamente no sentido longitudinal. Mergulhe as ervilhas por mais ou menos 10 minutos em uma panela funda, com bastante água salgada fervente. Acrescente os aspargos depois de 5 minutos. Os legumes precisam estar al dente – cozidos, mas firmes. Em seguida, é só resfriá-los em uma bacia de água.

Cozinhe a massa na água do cozimento dos legumes por mais ou menos 10 minutos. Pique o alho e o doure em uma frigideira com o azeite. Acrescente os legumes e a massa já escorrida, o sal e a pimenta e misture.

Fora do fogo, adicione as raspas de limão e o suco e mexa bem. Acrescente um punhado de parmesão em lascas, se gostar, e a menta. Misture e sirva.

Bolo nhá benta
da minha irmã Ieia

Essa receita é histórica. Minha irmã Andrea – mais conhecida como Ieia – fez esse bolo uma vez e foi o maior sucesso! Vamos dividir as tarefas: na massa, a criança mistura tudo e o adulto coloca para assar. O adulto faz o recheio e a montagem pode ser feita em conjunto.

Ingredientes da massa

2 ovos

1 xícara de chá de açúcar

2 xícaras de farinha de trigo

½ xícara de chá de óleo

1 xícara de chá de água morna

3 colheres de sopa cheias de chocolate em pó

1 colher de sopa de fermento em pó

½ colher de sopa de bicarbonato

Preparo da massa

Bata os ovos e o açúcar com a ajuda de um fouet (aquele batedor de arame) até clarear. Acrescente o óleo, a água morna, o chocolate e misture bem. Peneire a farinha com o fermento e o bicarbonato e acrescente à mistura aos poucos. Unte e enfarinhe uma forma redonda de 20 cm com fundo removível e asse em forno a 180 °C, por aproximadamente 40 minutos.

Ingredientes do recheio

3 claras

9 colheres de sopa cheias de açúcar

Gotas de baunilha

Preparo do recheio

Em uma panela em fogo baixo, o adulto deve mornar as claras com o açúcar, sem parar de mexer, até que o açúcar se dissolva por completo.

Leve imediatamente para a batedeira e acrescente a baunilha. Bata até esfriar e ficar bem firme.

Ingredientes da cobertura

150 gramas de chocolate ao leite

100 gramas de creme de leite

Preparo da cobertura

Derreta o chocolate no micro-ondas. Depois acrescente o creme de leite, e misture até ficar liso.

Montagem

Com o bolo frio, corte um círculo e deixe dois dedos nas laterais e no fundo. O miolo não será usado (você pode utilizá-lo em outras receitas, como, por exemplo, o brownie ou o *cakepop*). Reserve a tampa. Preencha o interior com o recheio e cubra com a tampa. Coloque a cobertura sobre o bolo e finalize de acordo com seu gosto.

DICA ESPERTA: Com a massa que sobrar, você pode fazer *cakepop* misturando leite condensado, doce de leite ou brigadeiro. Faça uma massinha, enrole, espete em um palito e passe no leite em pó, granulado, chocolate em pó...

Guacamole fácil

Ingredientes

- 1 abacate
- ½ cebola
- ½ tomate
- ½ limão
- Coentro a gosto
- 1 pitada de sal
- 2 colheres de sopa de azeite
- 2 gotinhas de tabasco

Preparo

Corte tudo em pedaços pequenos e bata no liquidificador, apenas no modo pulsar, só para misturar, criando um creme mais grosso. Se preferir, pode amassar o abacate com garfo, cortar a cebola e o tomate em pedacinhos e misturar com tudo.

DICA ESPERTA: Não bata muito, caso contrário vai virar um molho de guacamole!

Creme de morango caseiro

Ingredientes

1 copo de iogurte

2 caixinhas de creme de leite

1 lata de leite condensado

1 pacote de gelatina de morango

Preparo

Bata tudo no liquidificador e coloque em potinhos individuais ou em um grande. Leve à geladeira e espere ficar bem geladinho.

DICA ESPERTA: Caso queira deixar branco, substitua o pacote de gelatina de morango por um sem sabor e acrescente algumas gotinhas de essência de baunilha.

Bolinho de chuva da avó Leontina

Ingredientes

- 1 ovo
- 1 xícara de açúcar
- ½ xícara de leite
- 1 colher de sopa de fermento em pó
- 2 xícaras de farinha de trigo (aproximadamente)
- óleo para fritar
- Açúcar e canela para finalizar (1 xícara de açúcar + 1 colher de sopa de canela)
- Papel toalha

Preparo

A criança mistura o ovo, o açúcar, o leite, o fermento e a farinha até formar uma massa homogênea. O certo é quando se pega com a colher, a massa cai, mas não escorre. Deixe-a descansar um pouquinho.

O adulto deve colocar o óleo para aquecer. Cuidado para não deixá-lo muito quente, pois isso faz o bolinho dourar e não cozinhar por dentro. Se ficar frio, o bolinho encharca de óleo. Coloque uma pequena porção de massa no óleo: quando começar a fazer bolinhas e subir, a temperatura está no ponto certo.

O adulto leva para fritar e dourar. Para facilitar, pegue a massa com uma colher de chá e com a outra empurre a massinha da colher no óleo quente. Vire o bolinho para fritar por igual, caso ele não gire sozinho. Depois, retire-o com muito cuidado para não se queimar. Passe no açúcar e canela os bolinhos ainda quentes.

Lembrando que criança nunca deve mexer com óleo quente!

A vó sempre fazia bolinho de chuva quando começava a chover. Ela dizia que a gente não podia começar a comer até que todos os bolinhos estivessem fritos, para o óleo não secar. Ninguém entendia muito bem essa lógica, mas era ótimo pois todos os primos comiam juntos.

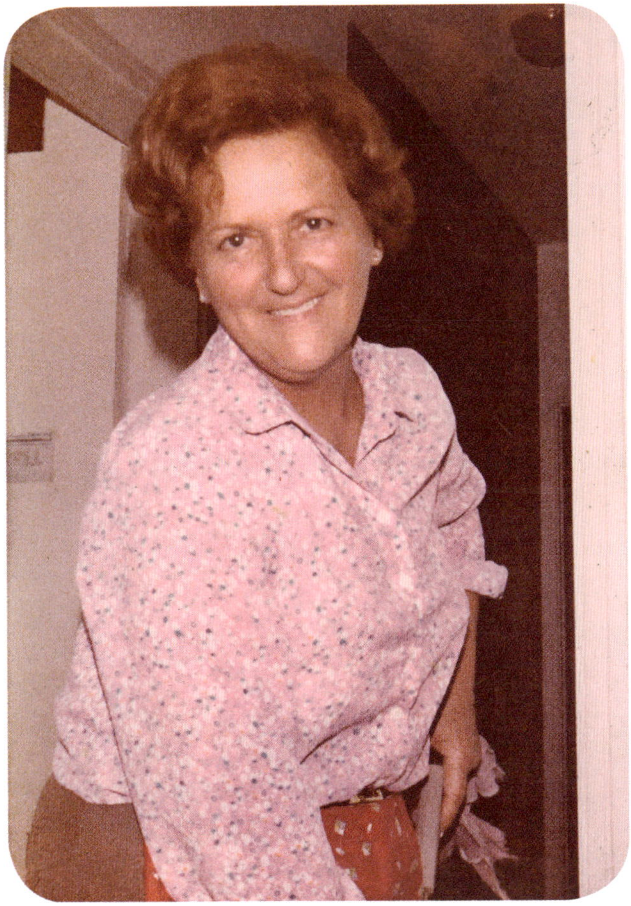

DICA ESPERTA 1: Eu sempre faço um teste com um pouquinho de massa: coloco no óleo e, se começa a borbulhar ao redor dela, é sinal de que está no ponto. Se a massa afundar e nada acontecer, o óleo ainda está frio.

DICA ESPERTA 2: Se o óleo estiver quente demais, diminua o fogo ou retire um pouco a panela do fogão.

DICA ESPERTA 3: Você também pode adicionar à massa canela ou a especiaria de que mais gostar. Se quiser, pode amassar uma banana bem madura e misturar à massa antes de fritar, fica espetacular!

O bolinho de chuva pode ter outros sabores. Quando retirar da fritura, você pode passá-lo no leite em pó, no chocolate em pó... use o seu favorito.

Sequilhos
da avó Leontina

Ingredientes

Cerca de 500g de amido de milho

1 ovo

½ lata de leite condensado

Preparo

Misture todos os ingredientes até dar ponto na massa. Pode ser necessário colocar um pouco mais de amido ou um pouco mais de leite condensado. Ela deve ficar firme, mas não esfarelando.

Faça como nhoque: abra tiras de massa e corte no tamanho desejado, ou faça no formato que preferir. Se quiser dar textura, pressione a lateral de um garfo em cada biscoito. Leve para assar em forno pré-aquecido a 180 °C, até os biscoitos ficarem sequinhos. Ah, eles não douram, ficam branquinhos mesmo.

Pão de queijo de sanduicheira

Ingredientes

2 ovos

1 xícara de polvilho doce

1 xícara de polvilho azedo

1 xícara de leite

¼ de xícara de óleo

100 gramas de queijo meia cura picado

1 pitada de sal

Preparo

Misture tudo em uma tigela, depois peça ajuda a um adulto para bater tudo no liquidificador. Deixe descansar por 15 minutos. Novamente com um adulto, ligue a sanduicheira, coloque a massa sem deixar transbordar, feche e deixe assar. Em 5 ou 8 minutos o pão de queijo está pronto!

Caso não tenha sanduicheira, coloque em uma frigideirazinha com o fogo baixo. Você vai ter uma panqueca de pão de queijo... Uma delícia!

DICA ESPERTA: Coma com coalhada ou goiabada, no chá da tarde ou no café da manhã.

Cabelinho de anjo
com manteiga e parmesão

Ingredientes

2 ninhos de macarrão cabelo de anjo

1 colher de sopa de manteiga

1 belo punhado de queijo parmesão ou 1 colher de sopa de molho de soja

Preparo

Peça para um adulto cozinhar o cabelinho de anjo conforme a indicação da embalagem. Depois que ele escorrer a água, imediatamente coloque a manteiga e o parmesão ou molho de soja e misture bem. Fica maravilhoso e pronto rapidinho!

Lasanha vegana
da prima Anielle

Ingredientes

2 abobrinhas grandes

500 g de tofu firme

2 latas de tomate pelado, com o suco

½ xícara de água

½ cebola picada em cubos

Sal, pimenta, orégano e noz-moscada a gosto

Preparo

O adulto lamina as abobrinhas. As fatias não devem ser nem muito grossas nem finas demais.

Bata o tofu no processador ou no liquidificador com sal, pimenta, orégano, noz-moscada e metade da cebola picada. Se necessário, coloque um pouquinho de água somente para formar uma pasta. Se não tiver processador ou liquidificador, a criança pode ajudar a amassar tudo com o próprio garfo, misturando bem.

O adulto faz o molho de tomate: refogue o restante da cebola, acrescente o tomate pelado com o suco, a água e deixe cozinhar. Dica: acrescentar cenoura é ótimo para tirar a acidez.

A montagem da lasanha deve ser realizada em uma travessa de vidro grande e pode ser feita pelo adulto, com a ajuda da criança. Cuidado para não usar o molho quente! Inicie com uma camada de molho de tomate, seguido da abobrinha e por fim do tofu, até preencher a travessa. Agora, o adulto leva ao forno por 20 a 30 minutos, em temperatura média.

Tabule de quinoa da prima Anielle

Ingredientes

1 xícara de quinoa

2 xícaras de água

1 tomate sem pele e sem sementes cortado em cubinhos

1 cebola média picada

1 dente de alho picado

Um punhado de salsinha picada

Um punhado de folhas de hortelã picadas

Raspas e suco de 1 limão

Azeite de oliva a gosto

Sal a gosto

Preparo

O adulto coloca a quinoa para cozinhar em uma panela, semitampada, com a água. Leve ao fogo médio até a água secar.

Depois de cozida, transfira para a tigela onde você vai servir o tabule e deixe esfriar.

A criança pode misturar à quinoa o tomate, a cebola, o alho, a salsinha, a hortelã, as raspas e o suco do limão, o azeite e o sal.

Leve à geladeira até ficar bem fresquinho e sirva!

Pizzinha da mamãe

Essa receita é demais! A mamãe sempre deixa a massa na geladeira, junto com um potinho com o molho e queijo, ou escarola e cogumelos. É muito boa, prática, rápida e fácil. Na receita, o adulto pode assar as massinhas na frigideira.

Ingredientes da massa

2 copos de farinha de trigo peneirada

½ copo de leite

½ copo de água

1 colher de chá de fermento químico

1 colher de chá de açúcar

1 colher de chá de sal

2 colheres de sopa de azeite

Preparo da massa

Misture primeiro os secos: a farinha, o açúcar, o fermento e o sal. Depois de misturar bem, abra um buraco no meio e acrescente os líquidos: o leite, o azeite e a água. Do centro para fora, misture tudo até formar uma massa. Dependendo do clima, você vai precisar de mais ou menos farinha. O ponto da massa é quando ela já não cola mais na mão. Corte-a em porções iguais e faça bolinhas. Deixe descansar por 30 minutos.

Abra as massas numa superfície enfarinhada. Leve à frigideira e asse a massa de ambos os lados. Depois recheie com o que você preferir, salgado ou doce.

Ingredientes do molho

4 tomates

1 cálice de azeite

1 colher de chá de sal

Manjericão a gosto

Recheio de sua preferência: queijo, escarola, requeijão...

Preparo do molho

Lave bem os tomates. Corte-os ao meio e retire as sementes com o dedão. Com um ralador e a ajuda de um adulto, rale a parte da polpa, tomando cuidado para que reste apenas a pele. Cuidado para não ralar o dedo! Com todo o tomate ralado, coloque o sal, o azeite e o manjericão. Está pronto! Agora, é só colocar na pizzinha, cobrir com mozarela de búfala, catupiry, escarola... o recheio que você preferir.

DICA ESPERTA: Uso esse molho também para fazer brusqueta ou uma massa rápida.

Brusqueta de tomate
com molho da mamãe

Ingredientes

10 fatias de pão italiano

Receita do molhinho da mamãe (o mesmo da página 117)

Folhas de manjericão

Preparo

A criança pode montar a brusqueta! O adulto passa as fatias de pão em uma frigideira para dar uma dourada. Coloque o molho nas fatias de pão, decore com uma folha de manjericão e sirva.

DICA ESPERTA: Quando as torradas estiverem quentes, raspe um alho cortado ao meio no pão. Dá um charme especial para a sua brusqueta.

Salada de batata

Ingredientes

- 1 kg de batata
- 200 g de nata
- 2 colheres de sopa de maionese
- ¼ de maço de salsinha e cebolinha
- 1 cenoura cortada em quadradinhos
- ½ lata de ervilha
- 1 talo de salsão
- 1 maçã verde (opcional)

Preparo

Lave bem todos os vegetais. O adulto deve cortar a batata em quadrados médios e levar para cozinhar em uma panelinha com água e sal. Com sua faca sem ponta, corte bem a salsinha e a cebolinha. Depois, em quadradinhos, a cenoura, o salsão e a maçã, caso goste de um sabor agridoce na salada. Eu adoro!

Deixe a batata cozida, em ponto firme, esfriar (tem que estar macia, mas não desfazendo). Coloque-a em um recipiente com todos os vegetais e misture a maionese, a nata e a salsinha. Teste se está bom de sal e bom apetite.

Maionese de leite

Ingredientes

½ copo de leite

Suco de ½ limão

Sal

Páprica doce

300 ml de óleo (mais ou menos 1 e ½ xícara)

1 ramo de alecrim

Preparo

Coloque o leite, o sal, a páprica e o alecrim no liquidificador e, com a ajuda de um adulto, comece a bater. Vá colocando o óleo, aos poucos, em fio, pelo buraco da tampa do liquidificador, até virar um creme. Coloque o suco de limão espremido e ajuste o sal. Guarde na geladeira.

DICA ESPERTA: Nessa receita, você pode colocar o tempero de que mais gostar, como salsinha, cebolinha, alecrim... brinque com os sabores. Atenção: nunca coloque colher, faca, espátula enquanto o liquidificador estiver funcionando, isso estraga o utensílio e pode provocar um acidente.

Bolo cremoso de fubá
da minha irmã Ieia

Ingredientes

3 ovos

1 xícara de fubá

1 xícara de farinha

4 xícaras de leite

2 e ½ xícaras de açúcar

1 e ½ colher de sopa de fermento

50g de queijo ralado (opcional)

Preparo

Bata tudo no liquidificador e coloque na forma untada e enfarinhada. Leve ao forno pré-aquecido a 180 °C, por 30 a 40 minutos.

Aqui, as crianças podem ajudar a separar os ingredientes e untar a forma!

Brigadeirão

da minha irmã Alê

Essa receita é a marca registrada da minha irmã Alê. Sempre que há encontros de família, pedimos para ela fazer o seu famoso brigadeirão, que é o melhor do mundo!

Ingredientes

1 lata de leite condensado

4 ou 5 colheres de sopa de chocolate em pó

1 lata de creme de leite

3 ovos

1 colher de sopa de manteiga

Preparo

Bata tudo no liquidificador, menos a manteiga. Unte uma forma de buraco no meio com manteiga e chocolate em pó. Despeje o creme do brigadeiro na forma, cubra com papel-alumínio e leve em banho-maria por aproximadamente 2 horas no forno pré-aquecido a 180 °C (ele sai do forno com uma consistência ainda um pouco mole). Retire do forno, deixe esfriar e leve para a geladeira por mais 2 horas. Descole as laterais com a ajuda de uma faca lisa, depois dê umas batidas nas laterais da forma para soltar o brigadeirão. Desenforme e decore com confeitos de sua preferência.

Torta da tia Kelly

Essa receita é mais do que especial... Minha tia, que também é madrinha, faz a melhor torta de palmito do mundo. Ela me passou o segredo há algum tempo e juro que sai igualzinha à dela! Pode substituir o palmito por frango, milho, alho-poró, espinafre... Abra a geladeira e use a imaginação!

Ingredientes da massa

1 e ½ xícara de farinha de trigo

1 e ½ xícara de amido de milho

¾ de xícara de óleo

½ xícara de leite, aproximadamente

Sal

Preparo da massa

Misture a farinha e o amido de milho com o sal, deixando um buraco no meio, e misture o óleo e o leite. Mexa com uma colher de pau até formar uma bola. Atenção: a massa não fica lisinha! Deixe descansar por 30 minutos. Vai escorrer um pouco de óleo da massa.

Não mexa muito com as mãos, elas aquecem a massa e não a deixam quebradiça, que é o resultado que queremos. Caso você não tenha um rolo para abrir a massa, pode usar qualquer objeto cilíndrico, desde que esteja bem limpinho.

Ingredientes do recheio

1 vidro de palmito

2 cebolas picadas

1 colher de azeite ou óleo

2 tomates picados

1 xícara de leite

2 colheres de sopa de amido de milho

Salsinha

Sal

Pimenta

Preparo do recheio

Em uma panela, o adulto deve refogar a cebola no óleo até deixá-la transparente, depois adicionar o tomate para refogá-lo também. Por último vem o palmito, que fica por mais alguns minutos em fogo baixo.

Dilua o amido de milho no leite e misture com os ingredientes da panela. Deixe ferver, mexendo sempre. Assim que engrossar, finalize com a salsinha e ajuste o sal e a pimenta. Se você quiser mais cremoso, basta adicionar mais leite e amido.

Ingredientes da montagem

1 gema

1 colher de sopa de água

Montagem

Com a ajuda de um filme plástico, abra metade da massa com um rolo. Coloque em uma forma, de preferência de fundo removível. Caso não possua uma, tudo bem, mas será mais difícil desenformar. Cubra o fundo e as laterais. Coloque o recheio e cubra com o restante da massa. Misture a gema e a água e pincele por cima para ficar bem douradinha! O adulto leva ao forno pré-aquecido a 180 °C por aproximadamente 30 minutos, ou até a massa ficar dourada. Antes de servir, aguarde de 10 a 15 minutos.

DICA ESPERTA: Caso fiquem buracos na assadeira, não tem problema. Pegue pedacinhos da massa e remende! Ah, você pode fazer em forminhas individuais. Fica muito legal e dá para levar para a escola, o adulto pode levar para o trabalho...

Bolo de canela com goiabada da minha irmã Ieia

Ingredientes

3 xícaras de farinha de trigo

2 xícaras de açúcar

1 xícara de leite

¾ de xícara de óleo

3 ovos

1 colher de sopa de canela em pó

1 colher de sopa de fermento em pó

2 xícaras de goiabada picada em pedaços médios

Preparo

Pré-aqueça o forno a 180 °C. Unte e enfarinhe uma forma e reserve. Em um recipiente, misture os ovos com o açúcar. Se tiver um batedor de arame, ajuda bastante. Acrescente o óleo e misture bem, depois adicione o leite e a canela. Incorpore a farinha peneirada com o fermento. Coloque a goiabada. Polvilhe por cima do bolo uma mistura de 1 colher de canela com 2 colheres de sopa de açúcar. Leve ao forno por 30 a 40 minutos, ou até o bolo estar completamente assado.

Aqui, as crianças podem ajudar a separar os ingredientes e untar a forma!

Torta de coco da tia Vera

Receita simples, antiga e deliciosa! Aqui, a criança pode misturar ingredientes e fazer a massa. E o adulto assa e faz o creme.

Ingredientes da massa

3 xícaras de farinha de trigo

100 g de manteiga ou margarina

1 colher de sopa de fermento em pó

2 xícaras de açúcar

Raspas de limão

2 ovos

Leite, caso necessário

Preparo da massa

Misture tudo, coloque a massa em uma assadeira untada e polvilhada com farinha e leve-a para assar. Depois, cubra a massa com o creme abaixo.

Ingredientes do creme

1 litro de leite

1 colher de chá de baunilha

3 colheres de sopa de amido de milho

6 colheres de sopa de açúcar

Preparo do creme

Leve ao fogo até engrossar e coloque sobre a massa depois que estiver frio. Por cima do creme, jogue um saquinho de coco ralado e, depois, uma lata de leite condensado.

Pipoca
salgada ou doce

Quando eu era pequena, sempre que a gente ia estourar pipoca, cantava uma musiquinha muito divertida: Estoura pipoca, Maria Sororoca, estoura pipoca, Maria Sororoca...

Ingredientes

1 xícara de milho para pipoca

1 colher de sopa de manteiga, óleo de coco ou óleo vegetal

Preparo

Em uma panela, coloque o óleo e a pipoca. Um adulto deve levá-la com tampa ao fogo e esperar que comece a estourar, sempre sacudindo a panela. Vá balançando até que os estouros fiquem mais espaçados. Desligue e tire a panela do fogo imediatamente para não queimar. Se quiser salgada, basta adicionar um pouco de sal. Se quiser doce, siga os próximos passos.

Ingredientes do caramelo

1 xícara de açúcar

¼ de xícara de água

Preparo do caramelo

Coloque o açúcar e a água em uma panela em fogo médio e deixe virar um caramelo dourado. Cuidado para não deixar o caramelo queimar. Misture imediatamente com a pipoca já pronta, tomando cuidado para não se queimar com o caramelo.

Eu amo salpicar sal por cima da pipoca doce. Acho que dá um sabor muito especial.

Bolo de maçã
delícia da tia Vera

Ingredientes

- 125 g de manteiga
- 9 colheres de sopa de açúcar
- 1 envelope de açúcar vanilado
- 2 a 3 ovos
- 1 colher de chá de limão
- 1 pitada de sal
- 10 colheres de sopa de farinha de trigo
- 2 colheres de chá rasas de fermento em pó
- 1 a 4 colheres de sopa de leite
- 3 maçãs

Preparo

Mexa a manteiga até criar espuma e acrescente aos poucos o açúcar, com o açúcar vanilado, os ovos, o limão e o sal. Junte a farinha misturada e peneirada com o fermento, 3 colheres por vez. Se necessário, acrescente o leite que vai tornar a massa grossa e pesada.

Coloque a massa em uma forma de torta desmontável, untada e enfarinhada. Alise-a com uma colher molhada com água fria. Descasque as maçãs, corte-as em quartos, retire a semente e faça pequenos cortes no comprimento dos quartos das frutas, usando uma faca ou um garfo. Coloque os pedaços em forma de coroa sobre a massa, tomando cuidado para não encostar a maçã no beiral da forma. Leve ao forno quente por 45 minutos. Polvilhe o bolo com açúcar e leve ao forno mais um pouco. Espere esfriar e desenforme.

Aqui, a criança pode medir os ingredientes, bater a massa e fazer os cortes nas maçãs. Fica uma delícia!

DICA ESPERTA: Prepare o creme branco somente quando as gelatinas já estiverem cortadas, coloque o creme nos potinhos e preencha com a gelatina em cubos.

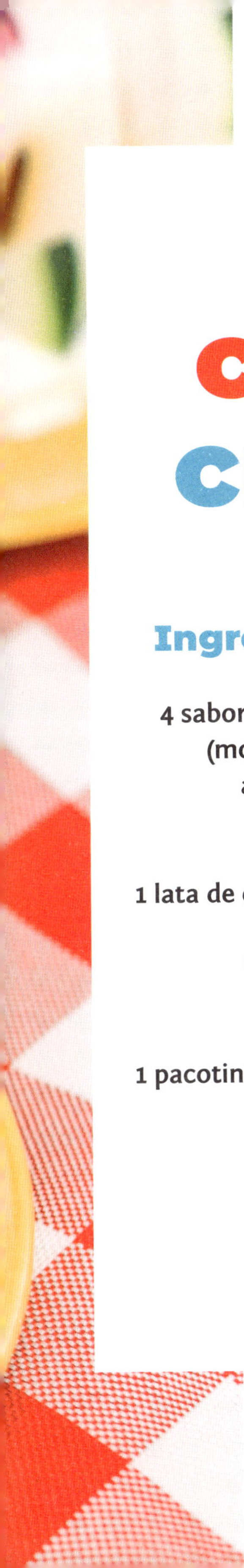

Gelatina colorida com creme branco

Ingredientes

4 sabores de gelatina (morango, limão, abacaxi e uva, por exemplo)

1 lata de creme de leite

½ lata de leite condensado

1 pacotinho de gelatina sem sabor

Preparo

Com um adulto, prepare cada uma das gelatinas coloridas em um lugar plano (uma assadeira ou pote de plástico, por exemplo). A medida de água deve ser um pouco menor do que a indicada na caixinha, para que tenham mais consistência (por exemplo, se a caixa pede 500 ml, coloque 400 ml). Depois de prontas, corte em quadrados.

O adulto hidrata a gelatina sem sabor como escrito na embalagem. Geralmente com 5 colheres de água e levando ao micro-ondas por 15 segundos. A criança mistura a gelatina hidratada com o creme de leite e o leite condensado. Agora, delicadamente, misture os quadradinhos coloridos de gelatina com esse creme. Coloque em um refratário ou em uma tigela de vidro e leve à geladeira por 1 hora. Desenforme ou sirva na tigela mesmo.

Musse de maracujá

Ingredientes

1 lata de leite condensado

1 lata de creme de leite

2 a 4 maracujás

1 limão

Preparo

Retire a polpa do maracujá e, com a ajuda de um adulto, bata no liquidificador com o suco do limão. Coe para retirar as sementes. Se gostar delas, pode pular esse passo. Coloque o suco do maracujá de volta no liquidificador, misture o leite condensado e o creme de leite. Bata por uns 5 minutos, até engrossar. Coloque em potinhos e leve à geladeira por pelo menos 2 horas.

DICA ESPERTA: Se colocar no *freezer*, vira um sorvete delicioso.

Barrinha

Ingredientes

2 xícaras de aveia flocos

1 ovo (opcional, para dar mais liga à massa)

1 colher de sopa de linhaça

1 colher de sopa de semente de girassol

½ xícara de uva-passa

1 banana-passa

1 banana amassada

1 colher de sopa de amêndoas

1 maçã ralada

2 colheres de sopa de óleo

1 colher de chá de canela

1 colher de café de sal

5 colheres de sopa de mel ou melado

Preparo

Misture todos os ingredientes em um recipiente até formar uma massa homogênea. Unte uma forma retangular com óleo e espalhe a massa, pressionando bem. Corte em formato de barrinhas e leve ao forno preaquecido a 180 °C por cerca de 15 minutos. Espere esfriar e embale ou guarde as barrinhas em potes fechados.

DICA ESPERTA: Sem glúten, sem lactose e sem açúcar. Se tirar o ovo e substituir o mel por melado, se torna uma boa opção para veganos!

Cocada
do meu irmão Mario

Meu irmão Mario tem essa receita superimportante para mim. Lembro que, quando era pequena, adolescente, viajava com ele para um lugar especial e, lá, a criançada toda chegava com coco, pedindo pra ele fazer sua famosa cocada. Guardo essa recordação até hoje, com o maior carinho. Nessa receita, a criança pode medir todos os ingredientes e escolher o ponto da cocada.

Ingredientes

1 copo com muito coco ralado

1 copo quase cheio de açúcar

Preparo

Coloque em uma panela o coco e o açúcar e o adulto leva ao fogo, mexendo o tempo todo. Se gostar de cocada puxa-puxa, apague o fogo logo que o fundo começar a aparecer. Se quiser com um pouco mais de cor, você pode ir deixando queimar. Eu sempre preferi ela mais branquinha.

Em uma superfície lisa e limpa, passe água fria e coloque a cocada ainda quente. Corte e deixe esfriar.

Iogurte caseiro

Minha mãe faz essa receita há muitos anos – o iogurte fica delicioso!

Ingredientes

1 litro de leite integral

½ potinho de iogurte natural integral

Preparo

Um adulto leva o leite ao fogo até levantar fervura. Cuidado, quando o leite ferve, sempre transborda da panela e suja o fogão. Desligue o fogo assim que subir e aguarde esfriar. Peça para um adulto testar, colocando o dedo mindinho: se sentir um calor suportável, mais para quente do que para morno, está pronto. Acrescente meio potinho de iogurte pronto e misture bem. Coloque em um ou dois potes com tampa, embalando--os com um lenço ou pano de prato. Deixe por 12 horas descansando fora da geladeira.

Pronto! Aproveite seu delicioso iogurte!

DICA ESPERTA: O iogurte e o soro podem ser usados nos mais diferentes tipos de pratos. Como molho para salada e patê de iogurte. Vamos às duas receitas a seguir.

Molho para salada

Ingredientes	Preparo
1 copo de iogurte Suco de 1 limão Sal e pimenta-do-reino Azeite	Misture todos os ingredientes, seguindo a ordem da lista, e acrescente o azeite no final para obter um molho cremoso.

Patê de iogurte

Ingredientes	Preparo
Iogurte caseiro Tomate seco Hortelã Azeite Sal e pimenta-do-reino	Ao iogurte, adicione pedacinhos de tomate seco e folhas de hortelã picadas. Tempere com azeite, sal e um pouquinho de pimenta-do-reino, se quiser.

Bolo de brigadeiro da Carol

Quem não gosta de um bom brigadeiro? Imagine um delicioso cobrindo e recheando aquele bolo fofinho. Dá até para fazer para uma festa de aniversário. As crianças separam os ingredientes e os adultos usam a batedeira e colocam no fogo e para assar.

Ingredientes da massa

3 ovos

3 colheres de sopa de açúcar

3 colheres de sopa de chocolate em pó

1 colher de sopa de fermento em pó

Preparo da massa

Bata os ovos com o açúcar na batedeira por cerca de 10 minutos, até criar um creme fofo e claro. Desligue a batedeira e, com uma espátula, peneire a farinha e o chocolate em pó e incorpore bem devagar aos ovos batidos. Tome cuidado para não tirar o ar que colocamos nos ovos. Coloque na forma e leve ao forno pré-aquecido a 180 °C por aproximadamente 30 min.

Ingredientes do recheio

2 latas de leite condensado

1 lata de creme de leite

6 colheres de sopa de chocolate em pó

Preparo do recheio

Leve todos os ingredientes a uma panela e deixe em fogo baixo, mexendo sempre, até chegar ao ponto de brigadeiro. Deixe esfriar. Recheie o bolo com metade do brigadeiro e enrole a outra metade para decorar.

Ingredientes da cobertura

½ lata de leite condensado

1 colher de manteiga

2 colheres de chocolate em pó

Preparo da cobertura

Leve tudo à panela. Sem parar de mexer, deixe chegar em ponto de brigadeiro mole. Reserve.

Montagem

Corte o bolo em duas camadas. Umedeça a massa com uma calda de sua preferência, recheie com brigadeiro, coloque a camada de bolo umedecida e cubra com o brigadeiro mais mole.

Cubra com granulado e decore com os brigadeiros enrolados.

Pastiera napolitana da tia Tilde

Ingredientes da massa

3 xícaras de farinha

180 g de manteiga

3 gemas

½ xícara de açúcar

1 pitada de sal

Preparo da massa

Em uma vasilha, coloque a farinha peneirada, o sal e o açúcar, depois junte a manteiga e misture com os dedos até virar uma farofa. Adicione as gemas e trabalhe a massa com as mãos até juntar bem os ingredientes, formando uma massa lisa e homogênea. Deixe descansar por mais ou menos 30 minutos na geladeira.

Ingredientes do recheio

1 xícara de trigo cru ou 250 g de trigo já cozido

1 colher de sopa de manteiga

Preparo do recheio

Deixe o trigo de molho em água fria durante uma noite. O adulto cozinha, na mesma água em que ficou de molho, por 15 minutos na panela de pressão ou por 45 minutos na panela normal, até que fique macio. Escorra e reserve. Coloque em uma panela os grãos já cozidos, o leite, a manteiga

Raspas de 1 limão

1 copo de leite

e as raspas do limão. O adulto acende o fogo e cozinha sem parar de mexer por mais ou menos 15 minutos, em fogo médio, até formar um creme. Deixe esfriar.

Ingredientes do creme

400 g de ricota

3 gemas

2 xícaras de açúcar

1 pitada de sal

Laranja e limão cristalizados

1 colher de café de canela em pó

2 colheres de extrato de baunilha

4 colheres de sopa de água de flor de laranjeira

Preparo do creme

Amasse a ricota até virar um creme ou coloque no processador. Junte com o açúcar. Mexa bem, junte as gemas e o creme de grãos já frio. Acrescente as frutas picadas, a baunilha, a pitada de canela e a água de flor de laranjeira. Misture tudo. Reserve.

Montagem

Com metade da massa, cubra o fundo e a lateral da forma (de preferência com aro removível). Coloque o recheio sobre a massa. Abra o restante e corte em tiras para cobrir a torta, com a largura de 1,5 cm. Coloque as tiras de um lado e depois do outro, formando losangos. Leve ao forno pré-aquecido a 180 °C por aproximadamente 40 minutos ou até dourar. Depois de pronta, deixe esfriar antes de servir.

Polvilhe açúcar de confeiteiro por cima da torta antes de servir.

DICA ESPERTA: A pastiera dura uma semana na geladeira. A versão menos rústica é com o recheio todo passado no processador, exceto as frutas. Em Nápoles, a pastiera é preparada na Quinta-Feira Santa, para o domingo de Páscoa.

Molho de tomate do papai

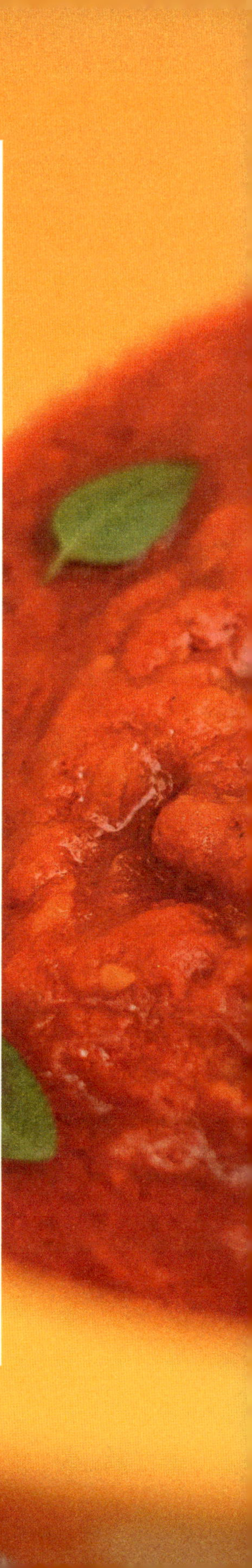

Ingredientes

2 colheres de sopa de azeite

1 cebola picada

4 dentes de alho

8 tomates picados

Sal

1 colher de sopa de alcaparras

Orégano

Manjericão

Preparo

Em uma panela, o adulto coloca o azeite e a cebola picada, deixando apenas dourar. Em seguida, põe o alho, o tomate e sal a gosto. Pode deixar ferver.

Quando o molho estiver engrossando, coloque alcaparras e orégano. Deixe ferver mais e adicione o manjericão. Deixe ferver até engrossar, experimente e, se necessário, acrescente sal ou alcaparras. Cuidado: as alcaparras são bem salgadas! Quando o molho estiver um pouco grosso, já está pronto para servir. Se o consumo não for imediato, não coloque a cebola no início do preparo.

Só de sentir o cheiro desse molho, já tenho recordações maravilhosas! Sempre que meu pai faz esse molho, ficamos eu e ele comendo com um delicioso pão italiano. Eu amo pão com molho. Não deixo nem o que sobra da macarronada escapar!

Depoimentos da família

É difícil falar de improviso de um amor tão grande quanto o meu pela Carolina! Criatura delicada, carinhosa e doce. Mais doce que os doces que cria; mais delicada que o vento que refresca seu rosto e carinhosa como uma carícia da brisa. Seu talento superou, em muito, minhas expectativas. Admiro seu trabalho e a seriedade com que atua em todas as suas receitas e finalizações espetaculares. Lembre-se de que será sempre minha caçulinha. Por isso é minha inspiração e tenho orgulho de ser seu papy.

Mario, PAI

Minha irmã caçula não poderia ter outra profissão que não a de servir os outros! Ela AMA cuidar da família e dos amigos. E, se envolve comida, aí ela se dedica 110%!

Isabella, IRMÃ

A Carol é supertalentosa e dedicada em sua profissão, que é a arte de preparar delícias! Desde pequena, ela demonstra esse dom e agrada a todos em cada receita.

Mario, IRMÃO

Carolzinha... Originalmente minha irmã caçula. Mas, a cada fase da vida, esse título passa a ser somado por outros: "filha", melhor amiga, confidente, babá dos meus filhos, artista e até companheira de trabalho, uma vez que, hoje, sou sua empresária. Mas o título que é unânime entre todos: Carol, a cozinheira da família! Que sorte eu tenho!

Ale, IRMÃ

A Carol me ensinou, desde pequena, não só a cozinhar, mas a ter paixão e muito respeito pela comida. Sentir, tocar, cheirar e experimentar. O que aprendi com ela levo comigo no meu trabalho e para a vida toda.

Luna, SOBRINHA

Carol, a caçulinha da família. E, uma vez caçula, sempre caçula. Paparicada, mimada, mesmo depois de ter se tornado uma mulher. E é com muita alegria que vejo a Carol como uma grande mulher, que faz tudo com muita dedicação e amor e por isso se destaca no meio de tantos! Este livro é mais um fruto do seu empenho como a excelente profissional que é! Obrigada, Carol, por ser uma irmã carinhosa e sempre pronta para dar bons conselhos. Que Deus sempre te abençoe, sob a proteção da Virgem Maria! Te amo.

Andrea, IRMÃ

Sinto um enorme privilégio por você ser minha filha e por passar a maior parte dos meus dias ao seu lado. Depois de ser a criança mais linda, gorduchinha e adorável, você se tornou uma mulher forte e corajosa, com muitas qualidades. Merece todos os elogios não só como profissional, mas também como pessoa, amiga sincera e com quem posso contar em todos os momentos. Você é uma bênção de Deus na vida de todos e só temos a lhe agradecer por tudo! Amo você e desejo que seja muito feliz, mantendo-se sempre fiel aos seus ideais mais nobres.

Jane, MÃE

Suas anotações

Agradeço aos meus pais e avós por todo o ensinamento que recebi ao longo de muitos anos;

Aos meus irmãos, por dividir tanta alegria, amor e doçuras (e algumas briguinhas também, como em toda família!);

Primas, primos, tios, tias, avôs, avós, sobrinhos, sobrinhas, amigos e todos aqueles que ainda vão chegar à minha vida: vocês moram no meu coração. E um agradecimento especial a todos aqueles que compartilharam as receitas que estão no livro;

À irmã Alê, que esteve muito presente durante toda a criação deste livro e ao Flávio Duarte, que deu aquela ajuda amiga quando passamos dois dias cozinhando, com muita diversão, para as fotos que ilustram as receitas;

Ao meu editor, Guilherme Samora, que se revelou um grande amigo e um divertido companheiro de compras no supermercado e na vida. Ele acreditou no projeto desde o começo e é um cara que pensa fora da caixinha. Gui, sem você nada disso teria acontecido!;

À Globo Livros, especialmente à Tamires Cianci Von Atzingen, ao Mauro Palermo e ao Luiz Antônio de Souza, o Luizão, que é amigo do papai!

Ao Guilherme Francini, pelo lindo projeto gráfico e por entender minhas ideias tão bem;

Ao Kato, pelas lindas fotos de agora e de sempre;

Ah, claro, a você, que está lendo este livro. Que sua vida seja uma delícia!

Obrigada, com amor,

Carol

Texto fixado conforme as regras do Acordo Ortográfico da Língua Portuguesa (Decreto Legislativo nº 54, de 1995).

DIRETOR EXECUTIVO **Mauro Palermo**
EDITOR RESPONSÁVEL **Guilherme Samora**
EDITORA ASSISTENTE **Tamires Cianci Von Atzingen**
REVISÃO **Antonio Castro e Ligia Alves**
CAPA, ILUSTRAÇÕES E PROJETO GRÁFICO **Guilherme Francini**
FOTOS **Rubens Kato**
ÍCONES E FIGURAS **Thinkstock**
PRODUÇÃO **Guilherme Samora, Tamires Cianci Von Atzingen e Guilherme Francini**
ASSISTENTE DE CULINÁRIA **Flavio Duarte**

DADOS INTERNACIONAIS DE CATALOGAÇÃO NA PUBLICAÇÃO (CIP)
(CÂMARA BRASILEIRA DO LIVRO, SP, BRASIL)

Fiorentino, Carol
Todo mundo na cozinha : receitas para crianças e de família / por Carol Fiorentino. -- Rio de Janeiro : Globo Estilo, 2018.
ISBN 978-85-250-6672-5
1. Crianças - Culinária 2. Culinária (Receitas) 3. Família - História 4. Gastronomia 5. Receitas culinárias I. Título.
18-21592 CDD-641.5

1ª edição, outubro de 2018

Direitos de edição em língua portuguesa para o Brasil adquiridos por **Editora Globo S.A.**
Rua Marquês de Pombal, 25
20230-240 – Rio de Janeiro – RJ – Brasil
www.globolivros.com.br

Para a produção das fotografias, além do acervo da autora, foram utilizadas porcelanas Oxford.

Este livro, composto nas fontes Fontin, Fontin Sans e Montserrat Alternates, foi impresso em papel *offset* 120g/m^2 na gráfica Donnelley.